Die

Arbeitslosenunterstützung

der

Stadt Schöneberg

von

Hermann Leidig,
Stadtrat,
Mitglied des Magistrats von Schöneberg.

Berlin 1911.
J. Guttentag, Verlagsbuchhandlung,
G. m. b. H.

Vorwort.

Mit Beginn des Jahres 1911 ist in Schöneberg eine Arbeitslosenunterstützung zur Einführung gekommen. Die städtischen Körperschaften hatten zur Prüfung dieser Frage und zur Aufstellung von leitenden Grundsätzen vor einem Jahre eine Deputation von fünfzehn Mitgliedern eingesetzt, deren Vorsitzender Verfasser dieser Schrift ist. Nach sorgfältiger Arbeit hat diese Deputation zwei Ordnungen aufgestellt, die der nunmehrigen Unterstützung der Arbeitslosen zugrunde liegen. In der kurzen Zeit seit Anfang dieses Jahres sind bei dem Verfasser aus verschiedenen Teilen Deutschlands, ja selbst aus dem Auslande, mehrfache Anfragen über diese neue Schöneberger Einrichtung eingegangen, so daß eine Veröffentlichung der Ordnungen mit einigen näheren Ausführungen manchem sehr willkommen sein wird. Namentlich aber dürften die besonderen Grundsätze dieser Ordnungen, wonach zum erstenmal in Deutschland in umfassender Weise die organisierten und unorganisierten Arbeiter und Angestellten, ohne erhebliche Kosten, gleichmäßig berücksichtigt werden, viel dazu beitragen, diesem Gegenstande Freunde zuzuführen.

Sollte durch vorliegende Schrift die Einführung der Arbeitslosenunterstützung in den Städten gefördert werden, dann hat sie ihren Zweck erfüllt.

Schöneberg, im Januar 1911.

Hermann Leidig.

Inhaltsverzeichnis.

Allgemeines über Arbeitslosenunterstützung.

Heutiger Stand.

In allen Kreisen der Bevölkerung, die mit dem öffentlichen Leben in Fühlung stehen, wird seit langer Zeit eifrig über Arbeitslosenversicherung gesprochen. Seitdem namentlich im Jahre 1901 die belgische Stadt Gent eine Unterstützung derjenigen Gewerkschaften, die ihre Mitglieder gegen Arbeitslosigkeit versichern, mit Erfolg eingeführt hat, sind die Erörterungen in den Fachzeitschriften über die Notwendigkeit und Zweckmäßigkeit einer Arbeitslosenversicherung nicht wieder zur Ruhe gekommen. Die Bewegung hat nach und nach immer weitere Kreise gezogen. Es gibt heute in Deutschland wohl kaum eine größere Stadt, vorausgesetzt, daß sie nicht Wert darauf legt, in den Anschauungen des vorigen Jahrhunderts ihr Dasein zu verbringen, in der diese Frage nicht in Deputationen oder Ausschüssen beraten worden wäre. Im Jahre 1906 hat sogar schon das Kaiserliche Statistische Amt im Auftrage der Reichsregierung eine umfangreiche Denkschrift über „die Versicherung gegen die Folgen der Arbeitslosigkeit" herausgegeben. Im Jahre 1909 haben weiter die bayrische und die badische Regierung Denkschriften über Arbeitslosenversicherung veröffentlicht, in denen die Einführung der

Unterstützung Arbeitsloser ganz besonders empfohlen wird, und worin namentlich die bayrische Regierung die Notwendigkeit des Vorgehens der einzelnen Gemeinden scharf hervorhebt. Sie gibt diesen sogar schon sorgfältig aufgestellte Normalstatuten, so daß sie eigentlich nur zuzugreifen brauchten.

Die Theorie hat auf diesem Gebiete in Deutschland einen sehr großen Umfang angenommen. Das wäre ja kein Fehler, wenn die Praxis angemessen gefolgt wäre. Hier zeigt sich aber ein ganz auffallendes Mißverhältnis. Abgesehen von den Notstandsarbeiten, die in mehreren Städten eingeführt sind, und über die später noch zu sprechen sein wird, können zurzeit in Deutschland nur sehr wenige Städte genannt werden, in denen eine nach bestimmten Grundsätzen geregelte praktische Arbeitslosenunterstützung besteht. Es sind dies Straßburg seit 1907, Erlangen seit 1909 und neuerdings München, Mainz, Mülhausen i. E. und Freiburg i. Br. Köln und Leipzig können allenfalls noch erwähnt werden, doch bestehen dort nur Versicherungskassen, die wesentlich aus privaten Mitteln erhalten werden. Die Arbeitnehmerverbände, bezw. die Gewerkschaften, haben ja bereits in vielen Fällen unter ihren Mitgliedern eine Arbeitslosenversicherung eingeführt. Auch einzelne Verbände von Privatangestellten könnten erwähnt werden. Sie gaben zusammen für Arbeitslosenunterstützung im letzten Jahre bis zu neun Millionen Mark aus. Diese Privatunternehmungen scheiden jedoch hier, wo die Tätigkeit der Gemeinden beurteilt werden soll, aus.

In den wenigen Städten, die oben genannt sind, scheint man sich aber selbst über den richtigen Weg noch nicht ganz klar zu sein. Teilweise unterstützt man nur die Gewerkschaften, also die organisierten Arbeiter, und hält für die große Zahl der unorganisierten Arbeiter Notstandsarbeiten bereit, wie in Straßburg und Erlangen, teilweise gibt man den Arbeitslosen für einen kleinen Teil des Jahres eine direkte Unterstützung, wie in München und Mainz. Es liegt auf der Hand, daß in den erstgenannten Städten ein sehr großer Teil der unorganisierten Arbeiter, zu denen noch diejenigen organisierten Arbeiter kommen, deren Verbände keine Arbeitslosenversicherung eingeführt haben, vollständig unberücksichtigt bleibt; denn nur für die wenigsten Arbeitslosen eignen sich die Notstandsarbeiten. Aber auch in Städten wie München und Mainz, wo eine direkte Unterstützung durch Barmittel erfolgt, kann diese nur in ganz beschränktem Umfange vor sich gehen, weil eine Zahlung ohne Gegenleistung für die Faulenzer zu verführerisch ist und aus diesem Grunde die Ausgaben der Stadt bald außerordentlich steigen. In München wurde z. B. den Arbeitslosen im Jahre 1909 nur für die Zeit von Mitte Januar bis Mitte März ein Betrag von 71 000 M. gezahlt. Auch die Notstandsarbeiten, die so wenig den gewünschten Zweck erfüllen, werden sehr teuer. Straßburg hat z. B. im Winter 1907/08 bei diesen Arbeiten 63 000 M. zugesetzt, d. h. 63 000 M. mehr gezahlt, als sie unter normalen Verhältnissen gekostet hätten.

Eine Arbeitslosenunterstützung kann unmöglich als nachahmenswert bezeichnet werden, wenn sie nur einen bestimmten Kreis der Arbeitslosen berücksichtigt. Bei solchen Wohlfahrtseinrichtungen darf eine Stadtverwaltung niemals den Verdacht aufkommen lassen, als ob sie parteiisch wäre.

Sie muß, wenn sie an eine Arbeitslosenunterstützung herangeht, die vorhandenen Mittel für jeden Beschäftigungslosen gleichmäßig zur Verfügung stellen. Dabei ist es notwendig, daß sie nicht nur an die Arbeiter, sondern auch an die sogenannten kleinen Angestellten denkt, d. h. an diejenigen, die nicht zu den Arbeitern gerechnet werden, doch kein höheres Einkommen als diese beziehen. Es fehlt jeder vernünftige Grund, diese Angestellten von einer Arbeitslosenunterstützung auszuschließen.

Wenn hiernach auch die bestehenden Ordnungen manche Mängel haben mögen, so ist doch hoch anzuerkennen, daß die genannten Städte überhaupt praktisch vorgegangen sind und etwas Positives geschaffen haben. Sie waren ja bis zum Schluß des Jahres 1910 die einzigen Städte, mit denen Deutschland auf diesem Gebiete renommieren konnte.

Arbeitslosenversicherung oder Arbeitslosenunterstützung?

Angesichts dieser nur wenigen Städte muß man aber nun fragen: Ist das der ganze Erfolg aller theoretischen Bemühungen und aller Beratungen? Woher kommt das große Mißverhältnis zwischen Wort und Tat? — Wer sich heute von Amts wegen öffentlich über diese Frage äußern muß, wird sicher sagen, daß er kein Gegner der Einführung einer Arbeitslosenunterstützung sei; er wird das noch ganz besonders betonen. Zur Verwirklichung dieser Idee werden sich aber nur wenige bereit finden lassen. Der Grund zu diesem überall bemerkbaren großen Unterschied zwischen Reden und Handeln liegt zunächst darin, daß ein falsch angewandtes Wort große Verwirrung angestiftet hat. Es ist das Wort „Arbeitslosenversicherung". Dieses Wort wird heute überall auch da gebraucht, wo man nur eine Arbeitslosenunterstützung im Sinne hat. Eine Berechtigung hätte es nur insofern, als dadurch das Ideal aller hier vorliegenden Bestrebungen dargestellt wird. Die Wirklichkeit ist jedoch weit davon entfernt. Diejenigen Stadtväter, denen das vorliegende Gebiet noch fremd ist — und das sind leider sehr viele — verspüren, wenn sie dieses Wort hören, allerlei Beängstigungen und verschließen ihr Herz. Wenn sie auch sonst für die Arbeitslosen etwas tun möchten: für die Einführung einer geordneten Unterstützung sind sie nicht zu haben. Sie denken dabei immer nur an eine Versicherung mit ihren großen Kosten und Gefahren und lassen sich auf eine Prüfung gar nicht weiter ein. Daher kommt die Sache nicht vorwärts; eine Stadt wartet auf die andere. Man ist froh, wenn die Entscheidung hinausgeschoben werden kann, bis dieser oder jener Städtetag gesprochen, oder gar bis das Reich die Frage geregelt hat. Das letztere ist ihnen das Angenehmste, weil sie dann hoffen können, daß der unerwünschte Gast ihrer Stadt noch lange fern bleiben wird.

Will man für die Einführung einer Arbeitslosenunterstützung wirken, so muß man zunächst jenes hier so nachteilige Wort unschädlich machen. — Zur Beruhigung der ängstlichen Gemüter ist vor allen Dingen darauf hinzuweisen, daß eine wirkliche Versicherung gegen Arbeitslosigkeit, bei der also die Stadt Trägerin der Versicherung mit allen Gefahren wäre und bei der durch Leistung und Gegenleistung ein Rechtsverhältnis begründet würde, wie dies sonst bei den Versicherungen der Fall ist, zurzeit in keiner der bisher genannten Städte besteht. Eine solche Versicherung müßte auch für das beschränkte Gebiet der Städte durchaus verworfen werden, gleichviel ob sie fakultativ oder obligatorisch wäre, denn sie würde ihnen in der Tat sehr teuer werden. Wäre sie fakultativ, so würden nur diejenigen teilnehmen, die öfter beschäftigungslos werden, wie die Erfahrungen in anderen Städten gelehrt haben. Wäre sie dagegen obligatorisch, was durch reichsgesetzliche Regelung und Schaffung eines Ortsstatuts herbeigeführt werden könnte, so würden viele Arbeiter und Angestellte versuchen, durch öftere nicht gerade notwendige Inanspruchnahme der Kasse auf ihre Rechnung zu kommen. Sie würden nichts dabei finden, gegen den ihnen zwangsweise abgenommenen Teil ihres Lohnes auf Kosten der Stadt ein paar Tage zu feiern. Auch die Arbeiter lieben die Ferien, wenn sie während dieser Zeit Lohn erhalten. Die Notwendigkeit zu einer Zahlung des Versicherungsbetrages würde nämlich hier nicht erst dann entstehen, wenn, wie bei den sonstigen Versicherungen, ein Unglück eingetreten wäre, das man natürlich nicht willkürlich herbeizuführen suchte, sondern eigentlich dann schon, wenn der Arbeiter sich mal ausruhen möchte. Es würde jedenfalls den städtischen Aufsichtsorganen in den meisten Fällen ganz unmöglich werden, dem Betreffenden nachzuweisen, daß seine Arbeitslosigkeit durch eigene Schuld entstanden ist. Es käme hinzu, daß diese Organe, bei ihrer Abhängigkeit von den Parteien, nicht immer in der Lage sein würden, so einzuschreiten, wie sie es gern möchten. Bei den heute bestehenden Arbeitslosenversicherungen der Gewerkschaften liegt diese Gefahr des Mißbrauchs nicht vor, weil die Arbeiter sich gegenseitig kontrollieren und die entstehenden Kosten aus ihren Taschen zu zahlen haben.

Solche Städte außerdem, die wie Schöneberg unmittelbar an andere Gemeinden grenzen, welche auf ihre Arbeiter den Zwang der Versicherung nicht ausübten, würden erst recht unklug handeln, wenn sie eine obligatorische Arbeitslosenversicherung einführten. Die besseren Arbeiter, denen es gegen das Gefühl ginge, die Versicherung zu mißbrauchen, würden nach der anderen Seite der Gemeindegrenze ziehen, um nicht ihr sauer verdientes Geld für die Nichtstuer auszugeben. Sie würden sich ebenso ablehnend verhalten, wie dies in den Städten der Fall ist, wo eine fakultative Versicherungskasse eingerichtet ist, so daß also schließlich eine solche obligatorische Arbeitslosenversicherung effektiv auch nur eine fakultative wäre.

Nur eine große Gemeinschaft wie der Staat kann eine obligatorische Arbeitslosenversicherung ohne Gefahr tragen. Der einzelne Arbeiter oder Angestellte wird, wenn die Versicherung sich über das ganze Land und über alle Berufsgenossen gleichmäßig erstreckt, viel mehr von dem Ernst und der Bedeutung dieser Einrichtung durchdrungen sein und ihre segensreiche Wirkung verspüren, als wenn sie ihm nur vereinzelt in einigen Städten vorkäme. Er wird daher in jenem Falle nicht so leicht den Versuch machen, die Versicherung für sich unnötig in Anspruch zu nehmen, wie in der zufällig bewohnten Stadt, wo ihm der auf ihn ausgeübte Zwang vielleicht ganz unverständlich bliebe. Auch ist die Autorität der staatlichen Aufsichtsbehörden eine andere als die der städtischen, so daß auch in dieser Richtung ein Versuch des Mißbrauchs nicht so bald zu erwarten wäre. Selbst größere Kommunalverbände, wie gelegentlich vorgeschlagen wird, würden sich bei den heutigen weitgreifenden Wellenbewegungen des wirtschaftlichen Lebens auf die Dauer für eine obligatorische Arbeitslosenversicherung noch als zu klein erweisen. Sie könnten zu Zeiten sehr große Schwierigkeiten haben, die erforderlichen hohen Kosten aufzubringen. — Allein der alles umfassende Staat mit seinem Einfluß auf die Wirtschaftspolitik und mit seiner Gesetzgebung kann diesen Schritt ohne Bedenken tun. Er ist auch bei seinen Kalkulationen nicht wie die Städte auf naheliegende Zeiten angewiesen; es kann ihm genügen, wenn der Erfolg seiner Tätigkeit erst nach Jahren zutage tritt.

Die Arbeitslosenunterstützung.

Kein Kenner der Verhältnisse denkt also an die Einführung einer wirklichen Arbeitslosenversicherung in einer einzelnen Stadt. Wenn sich die Stadtväter mit diesem Gegenstande etwas eingehender beschäftigen wollten, würden sie sehen, daß ihre Furcht unbegründet ist. Das Wort „Arbeitslosenversicherung" würde alsdann mit seiner beängstigenden Wirkung aus ihrem Gedankenkreise entschwinden und der Einführung einer Arbeitslosenunterstützung nicht mehr im Wege stehen. Das Wort Unterstützung ist ihnen ja auch an und für sich viel geläufiger als das Wort Versicherung. Mit Unterstützungen haben sie sehr häufig zu tun; sie befinden sich da auf einem ganz vertrauten Gebiete. Sie wissen auch, daß die Höhe der zu gewährenden Unterstützungen abhängig gemacht werden kann von der Finanzlage der Stadt, ohne daß die gute Tat selbst dadurch in ihrem moralischen Werte beeinflußt würde. Jede Stadt, ohne Ausnahme, kann tatsächlich den Arbeitslosen und Stellenlosen eine Unterstützung gewähren, gleichviel ob sie reich oder arm ist. Befindet sie sich in guter Vermögenslage, so wird sie entsprechend mehr geben, in schlechter Vermögenslage entsprechend weniger, wie das auch im privaten Leben geschieht oder wenigstens geschehen sollte. Für die Beschäftigungslosen ist in der Not jedenfalls eine kleine Unterstützung immer noch besser als gar keine. Die heute bestehenden Ordnungen über Arbeitslosenunterstützung geben in ihren einzelnen Bestimmungen Gelegenheit genug, die Höhe der maßgebenden Sätze beliebig zu bemessen.

Um aber keine unrichtige Vorstellung aufkommen zu lassen, muß noch hervorgehoben werden, daß die Arbeitslosenunterstützungen sich sonst sehr von den gewöhnlichen Unterstützungen zu unterscheiden haben. Während diese weiter nichts als ein Geschenk darstellen, sind jene so einzurichten, daß der Unterstützungsbetrag zu einem berechtigten Anspruch wird. Der Arbeitslose oder Stellenlose hat mit der Arbeit oder der Stelle noch nicht sein Selbstgefühl verloren; das muß auf alle Fälle geschont werden. Es wird dies dadurch erreicht, daß jeder, der unterstützt werden will, vorher die Bedingung zu erfüllen hat, für seine Zukunft möglichst selbst zu sorgen, und zwar entweder durch Sparen oder durch Beitritt zu einem Verein, der Arbeitslosenunterstützung zahlt. Die Betreffenden wirken damit nicht nur für ihr eigenes Wohl, sondern auch für das Wohlergehen der Gesamtheit; denn sie unterstützen alsdann die Stadt zu ihrem Teile bei der Bekämpfung eines allgemeinen Notstandes. Macht man ihnen eine solche Vorsorge zur Bedingung, so können sie auch für die

Erfüllung derselben, die ihnen bei ihrem Einkommen nicht leicht wird, die zugesagte Gegenleistung beanspruchen. Eine derartig bedingte Arbeitslosenunterstützung bewirkt im weiteren Sinne sogar das Gegenteil der gewöhnlichen Unterstützung. Während diese, wenn sie öfter gewährt wird, das Gefühl der Verantwortlichkeit untergräbt, bildet jene unleugbar den Charakter und fördert den Trieb zur Selbsthilfe. Man könnte eigentlich schon mit dieser Wirkung die Zahlung der Unterstützung rechtfertigen.

Der begreifliche Wunsch der städtischen Verwaltungen, nicht zu große Summen für Unterstützungen auszugeben, findet in dem Wesen der Arbeitslosenunterstützung selbst ein Entgegenkommen. Die Höhe des gezahlten Betrages darf sich hier nur in solchen Grenzen halten, daß die Arbeitswilligkeit nicht darunter leidet. Es darf nie mehr gewährt werden, als die Beseitigung der dringendsten Not erfordert. Der Unterstützte muß stets den lebhaften Wunsch nach Besserung seiner Lage behalten, d. h. er muß immer danach streben, recht bald wieder Beschäftigung zu bekommen.

Manche städtische Vertreter fürchten nun noch den übernatürlichen Zuzug der Arbeiter und kleinen Angestellten, die ja bekanntlich nicht allzuviel Steuern zahlen. Auch diese Furcht wird sich bei ihnen legen, wenn sie von den Äußerlichkeiten etwas tiefer in die Sache eindringen. Man verlangt nämlich jetzt schon in den bestehenden Ordnungen eine bestimmte Wohnzeit am Orte vor dem Eintreten des Anspruchs. Diese Wohnzeit kann nun lang oder kurz bemessen werden, je nach dem Grade der Furcht der Stadtväter. Weiter ist zu bedenken, daß die besser gestellten Arbeiter, die weniger der Gefahr ausgesetzt sind, ihre Beschäftigung zu verlieren, die besonderen Wünsche und Anforderungen an die Lage ihrer Wohnungen, wie sie ja jeder Mensch hat, nicht dafür aufgeben werden, daß sie vielleicht mal auf einige Zeit mit etwas Geld unterstützt werden könnten. Die weniger guten Arbeiter aber, die öfter beschäftigungslos werden, denken in der Regel nicht so weit in die Zukunft, wie es bei den bestehenden Karenzzeiten notwendig wäre. Sie bilden ja eben in ihrer Gesamtheit den weniger intelligenten Teil der Arbeiter.

Notwendigkeit der Unterstützung.

Es könnte nach diesen Ausführungen angenommen werden, daß nunmehr die städtischen Verwaltungen mit mehr Eifer als bisher an die Einführung der Arbeitslosenunterstützung herangehen würden. Eine solche Annahme wäre jedoch verfrüht. Man muß noch mit einem ernsten Widerstande rechnen. Es gibt Persönlichkeiten, die selbst eine derartig mäßige Unterstützung der Beschäftigungslosen für vollständig unnötig halten. Gewöhnlich sind es diejenigen, die selbst in sehr guten wirtschaftlichen Verhältnissen leben. Hier würden Überzeugungsversuche nichts fruchten, wenn sie sich allein auf die Gefühle der Nächstenliebe gründeten, Versuche, die sonst ihre Wirkung nicht verfehlten. Man muß schon weiter gehen. Zunächst ist darauf hinzuweisen, daß der Beschäftigungslose in der Regel nicht schuld an seinem Unglück ist. Man denkt heute über diese Frage ganz anders als noch vor 30 Jahren. Die Ursachen größerer Arbeitslosigkeit liegen, abgesehen von Natureinflüssen der verschiedensten Art, in den umfangreichen ge=

schäftlichen Krisen, die sich aus der Natur des heutigen Großbetriebes, der Unternehmergesellschaften und der Kartellbildungen entwickeln. Auch entspringen sie der Wirtschaftspolitik des Reiches, die auf die Interessen der Allgemeinheit und nicht des einzelnen gerichtet ist. Auf die hieraus hervorgehenden auf- und absteigenden Wogen der Arbeitsmöglichkeit hat der einzelne Arbeiter oder Angestellte gar keinen Einfluß. Darum ist es eine Forderung der Gerechtigkeit, daß die Allgemeinheit, welche die bestehende Wirtschaftsordnung gutheißt, auch für die dadurch Geschädigten eintritt.

Freilich werden vielfach diejenigen, welche bei dieser Frage von der Nächstenliebe nichts wissen wollen, auch den Forderungen der Gerechtigkeit ihr Ohr verschließen. Um diese Leute zu bekehren, wird man noch andere Gründe ins Feld führen müssen. Die moralischen Werte gelten bei ihnen nur, wenn ein reeller Nutzen damit verbunden ist. Es muß also noch nachgewiesen werden, daß in diesem Falle das Gute auch greifbare Vorteile bringt. Für diesen Nachweis ist allerdings eine Voraussetzung zu machen, nämlich die, daß die Gemeinden verpflichtet sind, für ihre unbemittelten Kranken zu sorgen und deren Heilung nach Möglichkeit herbeizuführen, und daß sie weiter verpflichtet sind, sich der Armen und Heruntergekommenen anzunehmen. Wer freilich diese Pflichten nicht anerkennt, dem ist der Nachweis der Notwendigkeit einer Arbeitslosenunterstützung nicht zu führen; doch ist auch mit ihm wegen mangelnder Intelligenz überhaupt nicht mehr zu sprechen. Aus diesen Pflichten erwachsen nun den Gemeinden ganz bedeutende Kosten. Die Etats der Krankenhausverwaltungen, der Armenverwaltungen, der Fürsorgestellen für Lungenkranke erfordern von Jahr zu Jahr größer werdende Summen. Eine mittlere Stadt von 150 000 Einwohnern, die sich den sozialen Aufgaben ihrer Zeit nicht entzieht, hat dafür jährlich gut eine halbe Million Mark aufzubringen. Diese große Summe zu verringern, ohne die Kranken- und Armenfürsorge zu beeinträchtigen, muß das stete Streben der städtischen Verwaltung sein. Zu erreichen ist dieses Ziel nur dann, wenn man die Zahl derjenigen zu vermindern sucht, die gezwungen sind, als Kranke oder Arme die Hilfe der Stadt in Anspruch zu nehmen. Man muß also vorbeugen! — Durch die Arbeitslosenunterstützung beugt man aber vor; denn die Arbeitslosen und Stellenlosen werden in Zeiten der Not durch sie gegen größere Entbehrungen geschützt. In der Not liegen bekanntlich die meisten Keime zu Krankheiten oder moralischen Defekten. Wenn die notwendigsten Mittel für den Lebensunterhalt fehlen, kommen Sitte und Ordnung in Gefahr. Eine weise Vorbeugungspolitik auf diesem Gebiete macht sich daher unter allen Umständen bezahlt, oder die heutigen Theorien über die Entstehung und Entwicklung von Krankheiten und über das Sinken der Moralität unter dem Drucke der Not sind falsch.

Die vorteilhaften Wirkungen einer Arbeitslosenunterstützung erstrecken sich aber nicht nur allein auf die Verringerung der städtischen Ausgaben für Kranke und Arme, sondern werden auch in weiteren Kreisen der Bevölkerung, namentlich in denjenigen Erwerbskreisen, die für die Arbeiter die notwendigen Waren liefern, sehr wohltätig verspürt. Man geht alles in allem nicht zu weit, wenn man behauptet, daß die Gesamtheit der Gemeinde von einer richtig angepaßten Arbeitslosenunterstützung keinen materiellen Schaden hat. Es wird allerdings schwer halten, diese Behauptung zahlenmäßig zu beweisen, da die hier vorliegenden Erscheinungen sich gegenseitig viel zu sehr durchdringen, als daß sie noch für sich allein kontrolliert werden könnten. Wer aber daran gewöhnt ist, seinen Blick auf die Gesamtheit der Erscheinungen zu lenken, wie dies ja bei den Mitgliedern der städtischen Körperschaften infolge ihrer auf das Allgemeinwohl gerichteten Tätigkeit der Fall ist, wird ohne Zweifel der obigen Behauptung zustimmen.

Vorgehen der Gemeinden oder des Staates?

Hartnäckige Gegner der Arbeitslosenunterstützung werden nun, wenn sie auch den bisherigen Ausführungen beipflichten sollten, noch sagen, das Vorgehen auf diesem Gebiete sei nicht Sache der einzelnen Gemeinden, sondern der Gesamtheit, also des Staates. Alle Vorteile, die den Gemeinden erwüchsen, kämen dem Staate in viel höherem Maße zu gute. Dieser hätte von der Arbeitslosenunterstützung allein einen dauernden Gewinn, während der etwaige Vorteil der Gemeinden sehr von dem Wechsel der Bevölkerung beeinflußt würde. Die Gemeinden, die es gut meinten, würden vielfach Arbeit und Geld für benachbarte Gemeinden aufwenden, die dann ihre stille Freude daran hätten, daß andere für sie die Kastanien aus dem Feuer holten. Es sei ferner widersinnig, daß eine Gemeinde für die Geschäftsspekulationen großer Unternehmergesellschaften Opfer bringen sollte. Andererseits würden auch die denkbar besten Formen der Arbeitslosenunterstützung in den Gemeinden immer unvollkommen sein gegenüber einer von dem Staat für die

Gesamtheit der Arbeiter und kleinen Angestellten eingeführten obligatorischen Arbeitslosenversicherung. Die städtischen Einrichtungen seien in diesem Falle immer nur ein Notbehelf. Der Staat könnte auch die Inhaber der großen gewerblichen Unternehmungen als Träger der Versicherung mit heranziehen. Er hätte weiter in erster Linie die Pflicht, die Unzuträglichkeiten, die sich aus der bestehenden gesetzlich anerkannten Wirtschaftsordnung ergeben, wieder auszugleichen, auch Einrichtungen in die Hand zu nehmen, welche die Erhaltung der Volksgesundheit fördern.

Diese Behauptungen sind in ihrem Kern durchaus zutreffend! Alles Streben der Anhänger der Arbeitslosenunterstützung muß dahin gerichtet sein, daß der Staat diese Sache recht bald in die Hand nimmt. Dazu ist aber notwendig, daß alle Möglichkeiten, die dahin führen könnten, aufgeboten werden. Zu diesen Möglichkeiten gehört nun vor allen Dingen das energische Vorgehen der Städte, doch nicht etwa durch das heute so beliebte und billige Mittel der Petitionen. Der Staat kann bei seinem schwerfälligen Organismus in solchen Fragen nicht die Initiative ergreifen. Es bedarf dazu schon einer ganz deutlichen Willenskundgebung seiner einzelnen Glieder, der Gemeinden. Diese Willenskundgebung ist aber nur dann deutlich genug, wenn jene Glieder nicht nur Theorie treiben, sondern auch praktisch eingreifen. Die Staatsregierung muß, bevor sie an eine derartige, in das Leben der Bevölkerung eingreifende Einrichtung herangeht, sorgfältige Studien machen. Vor allen Dingen braucht sie zur Feststellung von Tatsachen praktisches Material, das ihr nur die Städte in dem erforderlichen Umfange liefern können. Die Stadtverwaltungen stehen auch den hier in

Betracht kommenden Kreisen nicht so fern als die Regierung. Sie verspüren die Not der Beschäftigungslosen aus größerer Nähe und können bei ihren Beobachtungen noch Ursache und Wirkung in Zusammenhang bringen. Den Städten kommt weiter zu statten, daß sie für den Fall eines mißlungenen Versuches die Verantwortung nicht in dem Maße tragen wie der Staat.

Selbstverständlich sollen die Städte nicht etwa Versuchsobjekte für den Staat sein. Ihr Vorgehen ergibt sich mit zwingender Notwendigkeit aus den Pflichten gegenüber ihrer Bevölkerung. Jedermann weiß, daß tatsächlich heute recht häufig die Not der Arbeitslosigkeit mit ihren schweren Folgen vorliegt; das läßt sich nicht aus der Welt schaffen. Darum muß, ganz abgesehen von weiteren Zielen, sofort etwas geschehen, wenn nicht viele Familien mit noch gesundem Kern der Armenverwaltung zur Last fallen und verkümmern sollen.

Wird aber außerdem noch als notwendig anerkannt, daß der Staat die Regelung der Arbeitslosenunterstützung selbst recht bald in die Hand nimmt, dann sollte doch schließlich in Anbetracht dieses weiteren guten Zweckes der ideale Sinn in den Städten, welcher der Selbstverwaltung nicht fehlen darf, dazu beitragen, daß sich überall die Wage zu gunsten der Einführung dieser wohltätigen Einrichtung neigt. Namentlich dürfte bei einer solchen Frage nicht geduldet werden, daß einzelne Städte allein vorgehen. Es müßte ein edler Wetteifer einsetzen, der eine große Anzahl von Städten zugleich in Tätigkeit treten ließe. Das Ziel, um das es sich hier handelt, ist kein unklares, das verschwommen in der Ferne liegt. Eine vergebliche Arbeit würde auf keinen Fall geleistet werden, denn die Entwicklung muß den Staat unter allen Umständen dazu führen, die Regelung der Arbeitslosenfrage selbst in die Hand zu nehmen. Je schneller die Städte vorgehen, um so eher wird dies geschehen. Schon allein der Umstand, daß die Stadtverwaltungen heute, wenn sie in dieser Frage praktisch handeln wollen, gar nicht anders verfahren können, als daß sie die Gewerkschaften unterstützen — wie später noch ausgeführt werden wird — muß den Staat aus politischen Gründen veranlassen, dafür zu sorgen, daß diese Art der Entwicklung nicht zu große Dimensionen annimmt; denn nicht überall in den Städten wird hierbei die notwendige Unparteilichkeit gewahrt werden können. —

Mit diesen Ausführungen dürften die prinzipiellen Bedenken, die die Stadtväter in den verschiedensten Orten Deutschlands seit längerer Zeit veranlaßt haben, in dieser Sache immer nur Theorie zu treiben, im wesentlichen gehoben sein. Diese Schrift will den Ballast der Theorie nicht noch mehr vergrößern. So wie Schöneberg praktisch vorgegangen ist, wird auch hier nur versucht, für die unmittelbare Wirklichkeit praktische Gesichtspunkte zu geben. Es mußte davon ausgegangen werden, daß diejenigen, welche öffentlich tätig sind, einen Überblick über die leitenden Gedanken der heutigen Bestrebungen auf diesem Gebiete besitzen. Nach der geringen Verbreitung allerdings, die die Arbeitslosenunterstützung bisher gefunden hat, kann damit in Wirklichkeit nur wenig gerechnet werden. Diesem Mangel dürfte aber nunmehr hoffentlich abgeholfen werden, nachdem durch das Vorgehen Schönebergs das Interesse an diesem Gegenstande neu belebt ist. Viel Mühe ist dazu nicht erforderlich. Es gibt heute verschiedene kleine Schriften über Arbeitslosenunterstützung, die theoretisch sehr schön alle für das Verständnis noch notwendigen Einzelheiten darlegen.

Noch ist hier ein Punkt hervorzuheben: Städte, die an andere Gemeinden grenzen, befinden sich in einer besonderen Lage, wenn diese Gemeinden sich gegen die Einführung einer Arbeitslosenunterstützung ablehnend verhalten. Sie sind gezwungen, gegen ihren Willen eine längere Karenzzeit einzuführen, worunter natürlich die Sache leidet. Schöneberg hatte versucht, in dieser Frage eine Einigung der größeren westlichen Vororte Berlins herbeizuführen. Es war vergebens — vergebens leider wie alle sonstigen hier auf Freiwilligkeit beruhenden Einigungsbestrebungen. Es blieb der Stadt nichts weiter übrig, als allein vorzugehen. Daß Schöneberg aber nicht unüberlegt gehandelt hat, dürfte diese Schrift beweisen und beweist vor allen Dingen die Tatsache, daß die gesamte Schöneberger Bevölkerung, soweit sie sich um kommunalpolitische Dinge kümmert, mit dem Vorgehen der städtischen Verwaltung einverstanden ist. Man kann dies daraus schließen, daß die Schöneberger Stadtverordneten-Versammlung, in der politische Parteien von dem äußersten rechten bis zum äußersten linken Flügel vertreten sind, in der Sitzung vom 19. Dezember 1910 die Ordnung über die Einführung der Arbeitslosenunterstützung einstimmig angenommen hat.

Möge sich der Schöneberger Geist in dieser Frage recht bald über viele andere Städte erstrecken!

Arbeitslosenunterstützung in Schöneberg.

Notstandsarbeiten.

In Schöneberg sind bis zum Jahre 1910 Notstandsarbeiten zur Ausführung gekommen. Es waren Erdarbeiten für den neuen Stadtpark und für Straßenregulierungen. Was sich bisher bei solchen Arbeiten in anderen Städten herausgestellt hat, konnte auch in Schöneberg beobachtet werden: sie werden außerordentlich teuer. Man kann ohne Übertreibung sagen, daß bei den Kosten rund 100% zugesetzt werden. Dabei konnte in den letzten Jahren nicht einmal über harte Winter geklagt werden. Schöneberg hat in dem Winter 1909/10 rund 55000 Mark und Straßburg, wie schon angeführt ist, rund 63000 Mark zugesetzt. Den Rekord auf diesem Gebiete hat die Industrie- und Handelsstadt Düsseldorf aufgestellt; denn dort sind im Winter 1908/09 etwa 500000 Mark für Notstandsarbeiten ausgegeben worden, wovon höchstwahrscheinlich 300000 Mark über den eigentlichen Wert der Arbeit bezahlt worden sind. Man kann ruhig behaupten, daß alle Städte, die bisher im Winter Notstandsarbeiten in Gestalt von Erd- und Steinschlagarbeiten in größerem Umfange ausgeführt haben, wirtschaftlich besser gehandelt haben würden, wenn sie den

Beschäftigungslosen eine direkte Unterstützung von täglich zwei Mark, ohne Gegenleistung, geboten und alsdann die Arbeiten unter normalen Verhältnissen, also zu normalen Preisen, vergeben hätten. Aber nicht nur die Städte würden dabei ihren Vorteil gefunden haben, sondern auch die Beschäftigungslosen. Zwei Mark dürften zur Beseitigung der dringendsten Not ausreichend gewesen sein, und — was die Hauptsache ist — die Leute wären nicht den schädlichen Wirkungen der Notstandsarbeiten ausgesetzt gewesen.

Wenn man diese Arbeiten nicht nur für den kleinen Kreis derjenigen Beschäftigungslosen einrichtet, die damit vertraut sind, was man doch bisher sicher nicht wollte, dann sind sie durchaus zu verwerfen. Die große Mehrzahl der Arbeiter und Angestellten, die hier in Betracht kommt, gehört ohne Zweifel den leichten Berufen im Handwerk, im Gewerbe oder im kaufmännischen Betriebe an. Viele der eigentlichen Arbeiter werden ja in der Regel durch ihre Gewerkschaften unterstützt. Daher kommt es, daß die meisten der bisherigen Notstandsarbeiter die ihnen zugemutete Arbeit vorher überhaupt nicht kannten. Wenn sie dann in der Not dazu griffen, waren sie schon durch körperliche Entbehrungen geschwächt. In diesem Zustande mußten sie im Winter die schwere Arbeit, für die ihr Körper durchaus ungeeignet war, auch bei schlechtem Wetter verrichten. Sie konnten unter diesen Umständen nicht viel leisten, weshalb ja auch die Arbeiten so teuer wurden. Die besseren Elemente unter ihnen, welche sich nicht drückten, sondern ihre Pflicht zu erfüllen suchten, versagten natürlich über kurz oder lang und wurden vielfach krank. Manche von ihnen hatten noch lange an den Folgen zu tragen. Sieht man von den wenigen robusten Arbeitern ab, die gewöhnt sind, im Freien schwer zu arbeiten, dann muß man wirklich sagen, diese Notstandsarbeiten bilden keine Arbeiterfürsorge, sondern bewirken das Gegenteil.

Es ist ganz unbegreiflich, daß man nach solchen Erfahrungen immer noch die Massen-Notstandsarbeiten im Winter ausführen läßt. Das Wort Notstandsarbeiten hat ja freilich zurzeit in der Öffentlichkeit noch einen guten Klang; doch bald wird man es so verstehen, wie es wirklich aufzufassen ist, als die Bezeichnung für einen erhöhten Notstand der Arbeitslosen.

Für die großen Summen, die bei diesen Arbeiten zugesetzt werden, kann man auf alle Fälle eine geordnete Arbeitslosenunterstützung einrichten, die dann den großen Vorzug hätte, menschenwürdiger zu sein. Diejenigen Stadtväter, die den Notstandsarbeitern im Winter einen Besuch abgestattet haben, um sich von dem Umfang und Fortschritt der Arbeiten zu überzeugen, werden auch das Schädliche und Unwirtschaftliche dieser Einrichtung eingesehen haben. Sie wissen sich nur nicht anders zu helfen, weil ihnen stets das Gespenst der Arbeitslosenversicherung vorschwebt. — Manche Leute sagen auch, die direkte Unterstützung der Arbeitslosen, ohne die Gegenleistung der Arbeit, sei zu verwerfen, weil es sich streng genommen nicht darum handle, den Beschäftigungslosen Geld zukommen zu lassen, sondern sie überhaupt zu beschäftigen, denn das Nichtstun demoralisiere sie. Für einen Teil der Beschäftigungslosen mag das zutreffen. Wenn man aber keine passende Arbeit für diese hat, kann man sie doch unmöglich dem Prinzip zuliebe körperlich ruinieren. Andererseits ist auch das Zusammensein aller möglichen Elemente bei den Notstandsarbeiten nicht dazu angetan, der Moral einen Tempel zu errichten. Über diese Bedenken kommt man nun aber sehr gut hinweg, wenn das Herumtreiben der Beschäftigungslosen dadurch verhütet wird, daß sie während der Zeit der Unterstützung am Tage öfter zur Kontrolle antreten müssen. In allen bereits bestehenden Ordnungen finden sich Bestimmungen, welche gerade diesen Punkt sorgfältig berücksichtigen.

Schöneberger Grundsätze.

Die städtischen Körperschaften in Schöneberg haben auf Grund ihrer Erfahrungen beschlossen, den Beschäftigungslosen Notstandsarbeiten der vorstehend gekennzeichneten Art künftig nicht mehr zu bieten, sondern ihnen die dafür aufzuwendenden Mittel auf dem Wege einer geordneten Arbeitslosenunterstützung zukommen zu lassen. — Die Grundsätze der Schöneberger Arbeitslosenunterstützung sind folgende: Jeder Beschäftigungslose, welcher der Invalidenversicherungspflicht unterliegt, wird bei unverschuldeter Arbeitslosigkeit unterstützt, soweit es die Mittel der Stadt zulassen. Die Unterstützung kann sich im Laufe eines Jahres bis auf 60 Tage erstrecken. Ausnahmen unter den Beschäftigungslosen gibt es nicht; sie werden alle mit gleichem Maß gemessen; denn jedem Arbeiter und Angestellten steht die Wahl der besonderen Unterstützungsform frei. Daher besteht weder ein direkter noch ein indirekter Zwang, der ihn in einen ihm nicht zusagenden Verband treiben könnte, der also politisch auszubeuten wäre. Die Unterstützung wird nur dann gewährt, wenn der Beschäftigungslose vorher in Schöneberg ein Jahr ununterbrochen gewohnt hat; sie hört auf, sobald ihm von dem städtischen Arbeitsnachweis passende Arbeit geboten wird. Ob eine Arbeit passend ist, entscheidet allein der Arbeitsnachweis, nicht der Beschäftigungslose.

In Schöneberg bestehen zurzeit zwei Ordnungen über Arbeitslosenunterstützung. Die Hauptgedanken der ersten Ordnung sind nicht neu. Sie sind bekannten Systemen entnommen und den vorstehend dargelegten Grundsätzen angepaßt worden. Nach dem ersten Teile der ersten Ordnung erhalten diejenigen Berufsvereinigungen von Arbeitern und Angestellten, welche ihren Mitgliedern Arbeitslosenunterstützung zahlen, von der Stadt einen bestimmten Zuschuß (Genter System). Nach dem zweiten Teile dieser Ordnung wird allen denen, auf die sich die Bestimmungen des ersten Teiles nicht erstrecken, in gleicher Höhe ein Zuschuß gewährt, sobald sie bei der Schöneberger Sparkasse für sich unter bestimmten Bedingungen Spargelder eingelegt haben und diese abheben. — Neu ist der Gedanke der zweiten Ordnung. Er geht darauf hinaus, daß denjenigen Beschäftigungslosen, die unfähig sind, die Vorschriften der ersten Ordnung zu erfüllen, die also im großen und ganzen zu den weniger intelligenten Arbeitern zu rechnen sind, kein Bargeld, sondern ein Mittagessen gegeben wird. Sie erhalten bei Arbeitslosigkeit im Winter, wenn sie die vorgeschriebenen Bedingungen erfüllt haben, Speisemarken für die Schöneberger Volksküche. Diese Ordnung ist zunächst versuchsweise für den vorliegenden Winter in Anwendung gekommen.

Obligatorische und fakultative Versicherung.

Zur Begründung der von Schöneberg gewählten Unterstützungsformen ist folgendes zu sagen. Aus den schon früher angegebenen Gründen ist von der Einführung einer fakultativen und von der Erstrebung einer obligatorischen eigentlichen Arbeitslosenversicherung als gänzlich ungeeignet abgesehen worden. Weiter müssen die in einigen Städten, wie Köln und Leipzig, bereits eingeführten fakultativen Versicherungskassen, auch mit den in letzter Zeit vorgeschlagenen Modifikationen, schon im Prinzip als durchaus ungeeignet bezeichnet werden. Wie bereits erwähnt ist, haben die Erfahrungen in diesen Städten ergeben, daß sich ein großer Teil der besser gestellten Arbeiter, die gerade die Kassen stützen würden, fern hält. Ebenso bleiben alle diejenigen Arbeiter fern, welche bereits durch die Gewerkschaften unterstützt werden. Da also viele gute Mitglieder fehlen, reichen die Einnahmen aus den Gebühren bei weitem nicht zur Unterhaltung der Kasse aus. Ein weiterer Übelstand liegt darin, daß die Versicherungskassen eine ungleiche Behandlung der Beschäftigungslosen zur Folge haben, sobald daneben die Stadt noch die Gewerkschaften nach dem Genter System unterstützt. Nach diesem System sowohl als auch nach dem Schöneberger System der Unterstützung der Sparer haben nämlich die Unterstützten an die Stadt keinerlei Gebühren für die ihnen gewährten Zuschüsse zu zahlen, während dies ja bei der Versicherungskasse der Fall wäre. Da liegt die Annahme doch nahe, daß die Arbeiter und Angestellten, welche ja mit Groschen rechnen müssen, sich genötigt sehen würden, den Gewerkschaften oder Berufsvereinigungen beizutreten, denen sie bis dahin vielleicht aus ganz bestimmten Gründen fern geblieben sind. Eine solche ungleiche Behandlung der Beschäftigungslosen würde also für Viele einen Zwang herbeiführen, dem sie sich nicht entziehen könnten. Das Streben der Arbeiter und Angestellten, sich zu organisieren, um dadurch ihre Interessen besser zu wahren, ist selbstredend nur gutzuheißen; doch darf die Entscheidung des einzelnen über den Beitritt keine erzwungene sein. Insbesondere darf eine städtische Verwaltung nicht den Anschein erwecken, als ob sie eine bestimmte Richtung begünstige.

Ein großer Übelstand der fakultativen Versicherungskassen, wie überhaupt der fakultativen Arbeitslosenversicherung, liegt nun aber noch darin, daß bei ihrem Bestehen sehr viele Arbeiter und Angestellte leer ausgehen, weil sie sich nicht angeschlossen haben. Abgesehen von denjenigen, die so gut gestellt sind, daß sie glauben auf den Anschluß verzichten zu können, bleiben viele fern, weil sie nicht in der Lage sind, die Versicherungsgebühren zu zahlen, oder, was noch häufiger sein wird, weil sie nicht den erforderlichen festen Willen haben oder ihnen der nötige Verstand fehlt, den Segen einer solchen Einrichtung einzusehen. Man kann aber doch unmöglich die große Zahl dieser doch auch brauchbaren und im Grunde guten Menschen darunter leiden lassen, daß sie von der Natur nicht mit besseren Gaben ausgestattet sind. Man unterstützt tatsächlich bei den fakultativen Versicherungskassen, welche alle ganz enorme Zuschüsse erfordern, die besseren Elemente, die sich schließlich noch selbst helfen könnten, und vergißt die große Zahl der eigentlich Bedürftigen. Hier liegt ein offenbares Verkennen der ganzen Frage der Arbeitslosenunterstützung vor. Manche Leute könnten schließlich auf die Idee kommen, daß diese Einrichtung nur besteht, um die intelligenteren Leute, welche eher geneigt sind, Forderungen zu erheben, zu beruhigen, oder gar um der Selektionstheorie helfend zur Seite zu treten.

Eine obligatorische Arbeitslosenversicherung würde ja diese Bedenken beseitigen, aber sie wäre bei dem beschränkten Umfange einer oder mehrerer Gemeinden unter allen Umständen mit sehr großen Kosten verbunden, jedenfalls mit viel größeren, als die schon so teueren Notstandsarbeiten erfordern. In diesem letzteren Falle handelt es sich ja nur um einen bestimmten Kreis der Beschäftigungslosen. Bei der Versicherung dagegen müßte mit allen in der Gemeinde wohnenden Arbeitern und Angestellten bis zu einem gewissen Einkommen gerechnet werden, und unter diesen würden sehr viele zu unterstützen sein, die nur das Bedürfnis zum Ausruhen hätten. Tritt infolge ungewöhnlicher Ereignisse eine größere Arbeitslosigkeit ein, dann kann eine solche obligatorische Versicherung, wenn sie nicht schnell wieder beseitigt wird, die Zahlungsunfähigkeit der Gemeinde herbeiführen. Die Versicherungsgebühren des einzelnen bedeuten hier nur einen Tropfen auf den heißen Stein.

Unterstützung der Berufsvereinigungen.

Bei der Schöneberger Arbeitslosenunterstützung treten alle diese Nachteile nicht auf. Die Zahlung eines Zuschusses an die Berufsvereinigungen, welche ihre Mitglieder unterstützen, ist außerdem das denkbar einfachste Verfahren für eine Stadt. Diese erspart zunächst jeden größeren Verwaltungsapparat und hat dann die Gewißheit, daß ein Mißbrauch ihrer Mittel verhütet wird, soweit es menschenmöglich ist. Der Verein ist nämlich der Träger der Versicherung; er kommt für alle Lasten und Gefahren auf und hat daher das höchste Interesse daran, daß seine Kasse nicht unnötig geschwächt wird. Die Stadt gibt nur einen Zuschuß zu denjenigen Geldern, die der Verein nachweislich für Arbeitslosenunterstützungen ausgegeben hat. Dafür aber, daß dieser Verein nur die wirklich Bedürftigen unterstützt, sorgen die Mitglieder selbst; denn sie haben durch ihre Beiträge für die Ausgaben aufzukommen und bilden auch die Verwaltung des Vereins. Es besteht wohl kein Zweifel darüber, daß die Berufsgenossen, welche selbst die Kosten tragen müssen, am zuverlässigsten beurteilen werden, ob in einem vorliegenden Falle die Zahlung einer Unterstützung angebracht ist oder nicht.

Dieses sogenannte Genter System ist so einfach und zweckentsprechend, daß die Frage entsteht, weshalb die Städte bisher so wenig davon Gebrauch gemacht haben. Die Antwort wird bei vielen Stadtvätern wohl lauten, man scheue aus politischen Gründen die finanzielle Stärkung der Gewerkschaften und möchte auch nicht solche Leute, die bisher diesen Vereinigungen fern geblieben sind, durch die zu erwartende Unterstützung zum Beitritt veranlassen. Dieser Antwort gegenüber wäre aber zu erwidern, daß es nicht notwendig ist, nur allein die Berufsvereinigungen, bezw. die Gewerkschaften, zu unterstützen. Die erhobenen

Bedenken fallen sofort, wenn die Unorganisierten Gelegenheit haben, genau in derselben Höhe wie die Organisierten einen Zuschuß zu erhalten, wie dies in Schöneberg für die Sparer eingeführt ist. Natürlich müssen beide Einrichtungen mit strenger Unparteilichkeit verwaltet werden. In diesem Falle werden diejenigen Personen, die bisher den Vereinen nicht angehören wollten, auch künftig nicht beitreten. Eine finanzielle Stärkung der Vereinigungen durch den Zuschuß der Stadt ist ebenfalls alsdann ganz ausgeschlossen, weil sich die Mitglieder, wenn ihnen der städtische Zuschuß, neben ihren bisherigen Vorteilen, nicht in voller Höhe zukäme, wohl sehr bald der Sparkasse mit ihren höheren Beträgen zuwenden würden, abgesehen davon, daß ja die Stadt in einem solchen Falle der Vereinigung den Zuschuß entziehen müßte. Wenn man freilich neben der Unterstützung der Berufsvereinigungen den übrigen Beschäftigungslosen nur die für sie ganz ungeeigneten Notstandsarbeiten, oder eine fakultative Versicherungskasse mit besonderen Gebühren bietet, oder gar sich um diese Armen überhaupt nicht kümmert, dann können sich diejenigen Leute, welche die vorstehenden Bedenken erheben, nicht wundern, daß die Gewerkschaften immer mehr Zuspruch erhalten. — Im Interesse einer durchaus notwendigen gleichmäßigen Behandlung aller Beschäftigungslosen ist also eine Unterstützung der Berufsvereinigungen, trotz aller Vorteile für die Stadt, nur zulässig, wenn die Unorganisierten in gleicher Weise bedacht werden. Andererseits dürfen aber auch diese nicht allein unterstützt werden; denn es wäre ungerecht, die Organisierten darunter leiden zu lassen, daß sie versucht haben, sich selbst zu helfen.

Unterstützung der Sparer.

Gegen das System der Unterstützung der Sparer hat man bisher im wesentlichen nur den Vorwurf erhoben, daß es nicht genügend ausgenützt würde. In Gent, wo zuerst neben der Unterstützung der Gewerkschaften nach dieser Richtung Versuche gemacht worden sind, soll der Zuspruch nur ein ganz geringer gewesen sein. Bei diesem System ist es zunächst notwendig, daß für eine ausreichende öffentliche Bekanntmachung gesorgt wird; denn naturgemäß spricht sich diese Einrichtung, bei der nur solche einzelne Personen in Betracht kommen, die mit der Öffentlichkeit wenig Fühlung haben, nicht so schnell herum, wie die Unterstützung durch die Vereinigungen, denen durch die Zeitungen die besten Mittel zur Verbreitung zu Gebote stehen. In Gent wurden auch den Sparern nicht dieselben Vorteile geboten wie den Mitgliedern der Gewerkschaften. Es ist bei dieser Unterstützungsform natürlich weiter damit zu rechnen, daß den hier in Frage kommenden Personen das Sparen im allgemeinen sehr schwer fällt. Sie sollen ja aber auch erst dazu erzogen werden, weshalb auf sie mit allen geeigneten Mitteln eingewirkt werden muß. Läßt man sie freilich in ihrer Unkenntnis und Gleichgültigkeit gegenüber der Spareinrichtung verharren, dann wird die Stadt nicht viel Zuschüsse zu leisten haben. Für diejenigen Personen, die trotz aller Einwirkungen durchaus nicht sparen können oder wollen, hat Schöneberg die zweite Ordnung mit der Speisung durch die Volksküche aufgestellt, die solchen Leuten dann wohl auch ihrer ganzen Veranlagung nach am besten zusagen wird.

Ein großer Vorteil der beiden vorstehenden Systeme

liegt darin, daß sie auf die zu Unterstützenden moralisch einwirken. Diese werden zur Selbsthilfe erzogen. Das, was schon früher als notwendig hingestellt wurde, wird hier erfüllt: Die betreffenden Personen müssen zunächst selbst für ihre Zukunft sorgen, bevor sie einen Anspruch auf die Unterstützung der Stadt erlangen. Diese Selbsthilfe kommt aber auch noch der Stadt zugute, denn die zu Unterstützenden sind während der Arbeitslosigkeit nicht ganz mittellos. Die Organisierten erhalten ja eine Unterstützung von ihren Vereinigungen und die Unorganisierten aus ihrem Guthaben bei der Sparkasse. Da den Leuten nur das Notwendigste für den Unterhalt zu gewähren ist, braucht der Zuschuß der Stadt nicht mehr so groß zu sein. Darin liegt mit ein wichtiger Grund dafür, daß diese beiden Systeme der Arbeitslosenunterstützung an die Mittel der Stadt nicht so große Anforderungen stellen als die anderen Systeme. Beide bieten außerdem in ihren einzelnen Bestimmungen den großen Vorteil, daß denjenigen Städten, die finanziell nicht günstig gestellt sind, die Möglichkeit bleibt, die Höhe des Zuschusses beliebig einzuschränken. Da ferner die von der Stadt gewährte Unterstützung voraussetzt, daß die Betreffendeu zunächst bestimmte, für sie nicht leichte Bedingungen erfüllen, so wird hier auch noch die weitere früher aufgestellte Vorschrift befolgt: Der Zuschuß ist kein Geschenk und beeinträchtigt nicht die politischen Rechte der Unterstützten.

Unterstützung durch Speisemarken.

Der Gedanke der zweiten Ordnung, den Beschäftigungslosen, die nicht dahin zu bringen sind, für sich selbst zu sorgen, an Stelle des Geldes täglich warmes Essen zu geben, dürfte für die Entwicklung der Arbeitslosenunterstützung in den Städten noch von Bedeutung werden. Dieses Verfahren bietet zunächst einen Ersatz für die teuren und schädlichen Notstandsarbeiten, die ja bisher nicht zu entbehren waren, wenn man alle vorhandenen Beschäftigungslosen unterstützen wollte. Dann aber gefährdet es nicht die vorstehenden, für die Gemeinden so wichtigen Systeme der Unterstützung der Berufsvereinigungen und Sparer mit ihrem Prinzip der Selbsthilfe; denn die besseren Arbeiter und Angestellten werden wohl immer lieber Bargeld annehmen, wie es ihnen dort geboten wird, als Speisemarken der Volksküche. Eine direkte Geldunterstützung dagegen müßte den beiden ersten Systemen bald eine gefährliche Konkurrenz bereiten, weil nur wenige Leute sich dann noch selbst bemühen würden, wenn sie dieselben Barmittel ohne eigene Opfer erlangen könnten. Mit der Förderung der Selbsthilfe hörte es dann jedenfalls auf.

Das neue System bietet aber den städtischen Verwaltungen noch einen ganz besonderen Vorteil. Die Volksküchen werden ja bekanntlich zum größten Teile aus freiwilligen Mitteln wohlhabender und wohltätiger Kreise der Bevölkerung erhalten; denn die Einnahmen aus dem Verkauf der Speisemarken bilden ja nur einen kleinen Zuschuß zu den Ausgaben. Es werden also auf diesem Wege die wohlhabenden Einwohner indirekt zu der Unterstützung der Beschäftigungslosen mit herangezogen, was auch in der inneren Natur dieses Gegenstandes durchaus seine Berechtigung findet. Die Stadt trägt nur die Kosten der Speisemarken. Die Folge davon ist, daß man den Stadtsäckel nicht so anstrengt, was jeder Stadtkämmerer freudig begrüßen wird. Die Heranziehung wohlhabender Kreise in diesem Falle ist für die Finanzen einer Stadt so vorteilhaft, daß es sich für die städtischen Verwaltungen wirklich lohnte, dort, wo noch keine Volksküchen bestehen und man der Frage der Arbeitslosenunterstützung näher treten möchte, die Liebestätigkeit der Bevölkerung für die Schaffung einer derartigen Einrichtung aufzurufen und eventuell selbst Mittel dafür zu gewähren.

Die drei in Schöneberg eingeführten Systeme stehen, so getrennt sie auch auf den ersten Blick erscheinen, durchaus in einem organischen Zusammenhange. Es darf keines von ihnen fehlen, wenn die Schöneberger Grundsätze durchgeführt werden sollen. Das System der Sparer steht in der Mitte und stellt den notwendigen Ausgleich und Übergang zwischen den beiden anderen her. Auf der einen Seite verhütet es, daß die Leute gezwungen werden, gegen ihren Willen in die ihnen nicht zusagenden Berufsvereine einzutreten, auf der anderen Seite bietet es denjenigen, die auf sich etwas halten und der Unterstützung durch die Volksküche aus dem Wege gehen möchten, die dazu notwendige Gelegenheit. In dem Zusammenhange der drei Systeme fördert auch noch die Lieferung der Speisemarken die Selbsthilfe; denn die besseren Arbeiter und Angestellten werden immer danach streben, die bare Unterstützung zu erlangen. — Die Vereinigung der drei Systeme bildet ein neues selbständiges System für sich mit ganz bestimmtem Charakter: Es werden alle in der Gemeinde vorhandenen Beschäftigungslosen, die der Invalidenversicherungspflicht unterliegen, unterstützt, während die Stadtgemeinde nur den kleinerem Teil der Kosten trägt. In den beiden ersten Fällen übernehmen in Schöneberg die Berufsvereinigungen und die Sparer zwei Drittel und in dem Falle der Lieferung der Speisemarken die wohlhabenden Kreise der Bevölkerung rund die Hälfte der gesamten Unterstützung. —

Allen städtischen Verwaltungen, die gern für die Beschäftigungslosen sorgen möchten, ohne gerade die Ausgaben ins Unberechenbare zu steigern, ist das Schöneberger System, das also auch den verschiedenen Vermögensverhältnissen der Gemeinden angepaßt werden kann, nur zu empfehlen. Es ist auch wirklich dringend zu wünschen, daß nach dem nunmehr von Schöneberg gegebenen Beispiele bald eine große Zahl anderer Städte folgt, damit endlich das eigentliche Ziel aller hier vorliegenden Bestrebungen erreicht wird: die Übernahme der Arbeitslosenversicherung durch das Reich! — Diejenigen Stadtverwaltungen, die dieser Frage wohl ihre Sympathien entgegenbringen, aber glauben, daß ein solches Ziel auch ohne die praktische Vorarbeit der Städte in absehbarer Zeit erreicht wird, irren sich sehr, und diejenigen, die auch noch nach dem Schöneberger Vorgehen ohne jedes Verständnis mit zugeknöpften Taschen auf der Seite bleiben und sich um diese Frage der allgemeinen Wohlfahrt überhaupt nicht kümmern, können nur aufrichtig bedauert werden.

Schöneberger Ordnungen.

Erste Ordnung.

Ordnung der Stadtgemeinde Schöneberg über die Förderung der Versicherung gegen Arbeitslosigkeit.

§ 1.

Bis zur gesetzlichen Regelung der Arbeitslosenversicherung oder bis zur Einführung einer Arbeitslosenversicherung in Groß-Berlin, längstens jedoch bis zum 31. März 1913, bewilligt die Stadt Schöneberg einen Geldbetrag von jährlich 15 000 M. zu dem Zwecke, die Versicherung gegen Arbeitslosigkeit auf Grund der nachfolgenden Bestimmungen zu fördern.

I. Gewährung von Zuschüssen an Berufsvereinigungen von Arbeitern und Angestellten.

§ 2.

Aus dem nach § 1 festgesetzten Betrage wird den Berufsvereinigungen von Arbeitern und Angestellten, welche ihren Mitgliedern Arbeitslosenunterstützung gewähren, für alle von ihnen wegen Arbeitslosigkeit unterstützten Mitglieder, die mindestens ein Jahr ununterbrochen in Schöneberg wohnen und die weiteren Bedingungen dieser Ordnung erfüllen, ein Zuschuß gewährt.

Auf die einjährige Frist ist diejenige Zeit anzurechnen, die unmittelbar vorher in einer anderen Gemeinde Groß-Berlins ohne Unterbrechung zugebracht worden ist, falls diese Gemeinde in gleichartiger Weise Beihilfe zur Arbeitslosenversicherung gewährt und auch in gleicher Weise die Wohnzeit in anderen Gemeinden anrechnet.

§ 3.

Der Zuschuß beträgt die Hälfte der von der Berufsvereinigung an das einzelne Mitglied gezahlten Arbeitslosenunterstützung, darf aber den Betrag von 1 M. täglich für eine Person nicht übersteigen.

§ 4.

Der Zuschuß wird nur gewährt, wenn die Arbeitslosigkeit unverschuldet entstanden ist. Er wird dann nicht gewährt, wenn die Arbeitslosigkeit durch Ausstände, Aussperrungen oder deren Folgen verursacht ist oder wenn in dem Gewerbe, dem das bereits unterstützungsberechtigte Mitglied angehört, nachträglich der Fall des Ausstandes oder der Aussperrung eintritt.

Der Zuschuß wird nur für die Tage gewährt, an denen das Mitglied die Kontrollvorschriften des § 8 dieser Ordnung erfüllt.

§ 5.

Der Zuschuß für ein Mitglied hört auf mit dem Tage, für welchen ihm durch den städtischen Arbeitsnachweis Arbeit, die dieser für passend erkennt, nachgewiesen wird, oder wenn er ihm innerhalb eines Jahres für 60 Tage gezahlt ist.

Eine Verpflichtung zur Annahme nachgewiesener Arbeit besteht nicht, wenn die Arbeit durch Ausstand oder Aussperrung frei geworden ist.

§ 6.

Um einen Anspruch auf den städtischen Zuschuß zu erlangen, haben diejenigen Berufsvereinigungen von Arbeitern und Angestellten, welche ihren Mitgliedern Arbeitslosenunterstützung gewähren, unter Einreichung ihrer Satzungen und Anerkennung dieser Ordnung einen entsprechenden Antrag beim Magistrat zu stellen, in dem sie sich verpflichten, der Deputation für die Verwaltung des städtischen Arbeitsnachweises die Einsicht in ihre Buchführung soweit zu gestatten, als es notwendig ist, um zu ermitteln, ob die Bestimmungen dieser Ordnung eingehalten sind.

§ 7.

Die zugelassenen Berufsvereinigungen haben nach Vereinbarung mit dem Magistrat eine Liste über ihre in Schöneberg wohnenden Mitglieder zu führen, aus der alle diejenigen Punkte hervorgehen, die ihnen einen Anspruch auf den Zuschuß gewähren.

§ 8.

Das arbeitslose Mitglied hat sich mit der Arbeitslosenkarte seiner Berufsvereinigung auf dem städtischen Arbeitsnachweis zu melden und auf Verlangen Auskunft über alle Tatsachen zu geben, auf welche sich die von der Stadt zu gewährende Unterstützung gründet. Der Arbeitsnachweis entscheidet darüber, ob dem Arbeitslosen die Unterstützung gewährt werden soll.

Jedes von der Stadt unterstützte Mitglied hat sich mindestens einmal täglich auf dem städtischen Arbeitsnachweis zu einer von diesem festgesetzten Stunde zu melden.

§ 9.

Die Kassen der Berufsvereinigungen verauslagen den Betrag des städtischen Zuschusses und reichen in jedem Monat dem Magistrat die Berechnung ihrer Auslagen nebst den dazu gehörigen Unterlagen für den vorangegangenen Monat ein. Der Zuschuß wird seitens der Stadtgemeinde innerhalb 3 Wochen nach Einreichung an die einzelnen Kassen abgeführt.

II. Gewährung von Zuschüssen an Sparer.

§ 10.

In Schöneberg wohnende männliche Arbeiter und Angestellte, welche der Invalidenversicherungspflicht unterliegen und aus eigenen Mitteln Spareinlagen bei der Schöneberger städtischen Sparkasse gemacht haben, können auf ihren Antrag in die beim städtischen Arbeitsnachweis zu führende Liste der Sparer eingetragen werden.

§ 11.

Die Sparer, welche auf Grund der Bestimmungen unter I von der Stadt keinen Zuschuß erhalten, bekommen zu den Abhebungen, die sie während der Zeit der Arbeitslosigkeit von ihrem Guthaben machen, sofern sie die weiteren Bedingungen dieser Ordnung erfüllen, einen Zuschuß von der Stadt.

§ 12.

Der Zuschuß beträgt die Hälfte der von dem Sparer abgehobenen Summe. Er darf den Betrag von 1 M. täglich nicht übersteigen.

§ 13.

Auf die Sparer finden die §§ 4, 5 und 8 entsprechende Anwendung.

§ 14.

Der Zuschuß wird gewährt, wenn der Sparer mindestens ein Jahr ununterbrochen in Schöneberg wohnt und die Eintragung in der Liste der Sparer seit mindestens drei Monaten besteht. Einlagen, die in den letzten drei Monaten vor der Abhebung gemacht worden sind, werden hierbei nicht berücksichtigt. Die Zahlung des Zuschusses beginnt, nachdem sich der Sparer eine Woche lang täglich auf dem Arbeitsnachweise gemeldet hat.

III. Schlußbestimmungen.

§ 15.

Wer es versucht, unberechtigterweise den städtischen Zuschuß zu erhalten, wird vorbehaltlich strafrechtlicher Verfolgung von der Zuschlagsgewährung auf die Dauer eines Jahres ausgeschlossen.

§ 16.

Über Streitigkeiten aus dieser Ordnung entscheidet unter Ausschluß des Rechtsweges die Deputation für die Verwaltung des städtischen Arbeitsnachweises als Schiedsgericht.

§ 17.

Diese Ordnung tritt sofort in Kraft.

Zweite Ordnung.

Ordnung der Stadtgemeinde Schöneberg über die Gewährung von Speisemarken an Arbeitslose.

§ 1.

Für die in Schöneberg wohnenden männlichen Arbeiter und Angestellten, welche der Invalidenversicherungspflicht unterliegen und nach der Ordnung über die Förderung der Versicherung gegen Arbeitslosigkeit einen Zuschuß nicht erhalten, werden während der Zeit ihrer Arbeitslosigkeit je nach Bedarf Speisemarken für das Mittagessen der Schöneberger Volksküche geliefert.

§ 2.

Die Speisemarken werden nur in der Zeit vom 1. Oktober bis 31. März eines jeden Jahres ausgegeben. Für jeden im § 1 genannten Arbeiter und Angestellten wird täglich eine Speisemarke gewährt. Hat er Familie, so kann er mehr Speisemarken erhalten, doch dürfen diese zusammen täglich nicht mehr als 0,60 M. kosten. Eine Person darf nicht mehr als eine Speisemarke erhalten.

Über die Anzahl und Größe der Portionen entscheidet der Arbeitsnachweis.

§ 3.

Die Unterstützung wird nur gewährt, wenn die Arbeitslosigkeit unverschuldet entstanden ist. Sie wird dann nicht gewährt, wenn die Arbeitslosigkeit durch Ausstände, Aussperrungen oder deren Folgen verursacht ist oder wenn in dem Gewerbe, dem der Unterstützungsberechtigte angehört, nachträglich der Fall des Ausstandes oder der Aussperrung eintritt.

Die Unterstützung wird nur für die Tage gewährt, an denen der Unterstützte die Kontrollvorschriften des § 5 dieser Ordnung erfüllt.

§ 4.

Die Unterstützung hört auf mit dem Tage, für welchen dem Unterstützten durch den städtischen Arbeitsnachweis Arbeit, die dieser für passend erkennt, nachgewiesen wird, oder wenn innerhalb eines Jahres für 60 Tage Unterstützung nach dieser Ordnung oder nach der Ordnung über die Förderung der Versicherung gegen Arbeitslosigkeit gewährt worden ist.

Eine Verpflichtung zur Annahme nachgewiesener Arbeit besteht nicht, wenn die Arbeit durch Ausstand oder Aussperrung frei geworden ist.

§ 5.

Der Unterstützung beanspruchende Arbeiter oder Angestellte hat seinen Antrag auf Gewährung der Unterstützung auf dem städtischen Arbeitsnachweis zu stellen und auf Verlangen Auskunft über alle Tatsachen zu geben, auf welche sich die von der Stadt zu gewährende Unterstützung gründet. Der Arbeitsnachweis entscheidet darüber, ob dem Arbeitslosen die Unterstützung gewährt werden soll.

Jeder von der Stadt Unterstützte hat sich mindestens einmal täglich auf dem städtischen Arbeitsnachweis zu einer von diesem festzusetzenden Stunde zu melden.

§ 6.

Die Unterstützung wird gewährt, wenn der Arbeitslose mindestens ein Jahr ununterbrochen in Schöneberg wohnt. Die Gewährung der Unterstützung beginnt, nachdem sich der Arbeitslose eine Woche lang täglich auf dem Arbeitsnachweis gemeldet hat.

§ 7.

Wer es versucht, unberechtigterweise die städtische Unterstützung zu erhalten, wird vorbehaltlich strafrechtlicher Verfolgung von der Gewährung der Unterstützung auf die Dauer eines Jahres ausgeschlossen.

§ 8.

Über Streitigkeiten aus dieser Ordnung entscheidet unter Ausschluß des Rechtsweges die Deputation für die Verwaltung des städtischen Arbeitsnachweises als Schiedsgericht.

§ 9.

Die Ordnung tritt sofort in Kraft.

Die Kosten.

Die jährlichen Kosten können bei einer neuen Einrichtung, für die zunächst jede exakte Grundlage fehlt, nur schätzungsweise angenommen werden. Schöneberg rechnet bei der ersten Ordnung zur Zeit jährlich mit 15 000 Mark. Werden bei der zweiten Ordnung jährlich 5 000 Mark angenommen, so ergibt das zusammen rund 20 000 Mark. Für diese Annahmen bieten diejenigen Beträge einen Anhalt, welche die Berufsvereinigungen, bei denen Arbeitslosenunterstützung gezahlt wird, in den ungünstigen Jahren 1907 und 1908 an Schöneberger Mitglieder abgeführt haben. Es waren durchschnittlich jährlich 30 000 Mark. Da Schöneberg nur einen Zuschuß von 50% gewährt, ergäbe sich theoretisch der Betrag von 15 000 Mark. Diese Zahl wäre aber infolge der in den Ordnungen noch bestehenden besonderen Bestimmungen erheblich zu vermindern. Diese lauten

1. der höchste Zuschuß der Stadt beträgt täglich nur eine Mark,
2. es wird eine ununterbrochene Wohnzeit von einem Jahr vorausgesetzt,
3. der Zuschuß wird im Jahre nur auf einen Zeitraum von 60 Tagen gezahlt.

Außerdem kommen erschwerende Kontrollvorschriften hinzu.

Es kann hiernach bei dem vorstehenden Beispiel nur ein wirklich verausgabter Betrag von 10 000 Mark angenommen werden.

Weiter beträgt die Zahl der gewerblichen Arbeiter in Schöneberg rund 15 000, wovon rund 6 000 solchen Vereinigungen angehören, die Arbeitslosenunterstützung zahlen. Der Rest von 9000 würde also zum größten Teile nach der zweiten Ordnung zu unterstützen sein. Für eine Person kann man hier als städtische Ausgabe durchschnittlich die Hälfte der Sätze der ersten Ordnung annehmen. Dann hätten die vorstehenden 6 000 Arbeiter 0,5 × 10 000 = 5 000 Mark erhalten, also der Rest von 9 000 Arbeitern den Betrag von 7 500 Mark. Wenn daher diese Ordnungen bereits in den Jahren 1907 und 1908 bestanden hätten, wären von Schöneberg für die Arbeitslosen zusammen jährlich rund 17 500 Mark ausgegeben worden. Unter Einrechnung der nun noch in Betracht zu ziehenden Angestellten ist der gesamte Betrag zur Zeit auf 20 000 Mark festgestellt worden.

Andere Städte werden ähnliche Grundlagen besitzen, die ihnen eine Kalkulation ermöglichen. Sollten alsdann die so veranschlagten Summen die finanzielle Leistungsfähigkeit der Stadt übersteigen, dann könnten die Einheitssätze der ersten Ordnung verringert werden, ohne daß man etwa gleich von einer Unterstützung abzusehen brauchte. Allerdings kann nun auch noch der mit größter Sorgfalt aufgestellte Voranschlag durch günstige oder ungünstige Konjunkturen auf dem Arbeitsmarkt erheblich beeinflußt werden. Es müßten aber wohl schon ganz außergewöhnliche Ereignisse eintreten, wenn die etwa bei den Notstandsarbeiten zuzusetzenden Summen erreicht werden sollten.

Der Arbeitsnachweis.

Der städtische Arbeitsnachweis ist die Seele der praktischen Arbeitslosenunterstützung. Die Ordnungen können noch so sorgfältig durchdacht und den Verhältnissen angepaßt sein: Alle vorsichtigen Berechnungen versagen, wenn die Leiter des Arbeitsnachweises nicht auf dem Posten sind. Die Kosten können alsdann sehr bald zu großer Höhe aufsteigen und der Stadt alle Freude an der Arbeitslosenunterstützung nehmen. Die Verwaltung des städtischen Arbeitsnachweises muß vor allem davon ausgehen, daß die Zahlung der Unterstützung nur den letzten Schritt in der Arbeitslosenfürsorge bedeutet. Ihre wichtigste Aufgabe muß immer bleiben, den Beschäftigungslosen Arbeit zu besorgen, also eigentlich die Auszahlung der Unterstützung zu verhüten. Zur Erfüllung dieses Zweckes ist der Arbeitsnachweis vor allen Dingen richtig zu organisieren. Die Leiter müssen den ganzen Arbeitsmarkt überblicken und mit anderen Arbeitsnachweisen, und namentlich denen der Fachvereine, in enger Verbindung stehen. Der städtische Arbeitsnachweis muß eine überall in der Bevölkerung bekannte Zentralstelle der gesamten Arbeitsvermittlung werden, die jeder Arbeitsuchende gern und mit der Hoffnung auf Erfolg aufsucht.

Eine weitere wichtige Aufgabe der Verwaltung des städtischen Arbeitsnachweises liegt darin, dafür zu sorgen, daß die technischen Verwaltungsstellen der Stadt diejenigen Arbeiten, die im Winter ausgeführt werden können, rechtzeitig (schon im Sommer) für diesen Zweck vorbereiten.

Derartige Arbeiten wird es in kleinem Umfange immer geben. Sie sollen nicht den Charakter der Notstandsarbeiten haben, sondern nur für diejenigen Arbeiter bestimmt sein, die ihrer ganzen Leibesverfassung nach dafür geeignet sind. Die Stadt braucht sowieso im Winter einen kleinen Arbeitsvorrat, um diejenigen Leute, die versuchen sollten, die Einrichtungen der Stadt zu mißbrauchen, was namentlich bei der Spargelegenheit nicht ausgeschlossen erscheint, mit der Anbietung solcher Arbeit recht wirksam abzuschrecken. Solchen Personen, denen eine derartige Arbeit zu schwer ist, könnte man hier eventuell Beschäftigung in den öffentlichen Schreibstuben vorschlagen.

Weiter hat die Verwaltung des Arbeitsnachweises sorgfältig darauf zu achten, daß die gegebenen Kontrollvorschriften erfüllt werden. Eine häufige Kontrolle (vormittags und nachmittags) bildet den besten Schutz gegen diejenigen Personen, die versuchen sollten, den Zuschuß der Stadt auch bei vorhandener Beschäftigung zu erlangen. Ganz besonders wird eine häufige Kontrolle bei solchen Beschäftigungslosen notwendig sein, die nach der zweiten Ordnung unterstützt werden, wo ja die Kontrolle der Berufsgenossen fehlt. Die Arbeitslosenunterstützung ist nicht für Arbeitsscheue und Trunkenbolde eingerichtet, sondern für arbeitsame Leute, die gegen ihren Willen beschäftigungslos geworden sind. Selbstredend hat auch der Arbeitslose sich um Arbeit zu bemühen, wozu Zeit gebraucht wird, aber niemals darf darunter die Kontrolle leiden. Wenn sich erst bei einem gewissen Kreis von Personen die Meinung eingenistet hat, daß dem städtischen Arbeitsnachweis leicht etwas vorgemacht werden kann, dann wird bald ein großer

Andrang aller unlauteren Elemente stattfinden, und die ganze sonst so segensreiche Einrichtung der Arbeitslosenunterstützung käme in der Öffentlichkeit in Mißkredit.

Es liegt ja in dem Wesen dieser Einrichtung, daß sie mit Wohlwollen verwaltet werden muß. Aber das Wohlwollen muß aufhören, wenn nicht die notwendige Voraussetzung vorliegt: die Erfüllung der Bedingungen bei unverschuldeter Arbeitslosigkeit. Es handelt sich hier nicht um die Aufgaben einer Armenverwaltung! — Das Wohlwollen muß auch seine Grenzen finden an den verfügbaren Mitteln der Stadt. Der Leiter des städtischen Arbeitsnachweises muß Menschenkenner sein und zur rechten Zeit sein Herz verschließen können. Wenn die Unterstützung der Beschäftigungslosen unter diesen Voraussetzungen ausgeübt wird, dann ist bestimmt zu erwarten, daß sich auch bei den ängstlichsten Gemütern der städtischen Verwaltungen mit der Zeit die Furcht vor der Arbeitslosenunterstützung legen wird.

Druck von Otto Walter in Berlin S. 14.

Kolibri 360 GmbH
Ferdinand-Jühlke-Straße 7
99095 Erfurt, Deutschland
produktsicherheit@kolibri360.de